JN037902

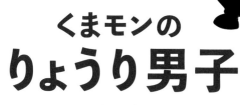

くまモンの
りょうり男子

レシピ30品、全部自分で作ったモン！

くまモン

草思社

はじめての「りょうり本」、
きんちょうしたモン

ある日、きゅうに「くまモンのりょうり本を出したいんですけど」って
言われて、たいぎゃびっくりましたモン。

ボク、食べるのは大好きだけど、りょうりの本を出すなんてムリだと思ったモン。

でも「くまモンは、イケメソのりょうり男子」ってほめられちゃって
その気になっちゃったモン。

くまモン隊のみんながやってみようよと言ってくれたから、
みんなで相談しながらメニューを決めたモン。

ダジャレばっかり言ってみんなで笑いながらりょうり名もつけたモン。

ボクの大好きな熊本県産の野菜やフルーツ、肉、魚をたいぎゃ使って
りょうりすることになったモン。

みなさん、ご協力ありがとうございますだモン。

あんまりむずかしくないりょうりが並んでいるモン。

見るだけでもおいしそうだってきっと思うモン。

おいしそうだと思ったら作ってみてほしいモン。

全部おすすめりょうりだけど、特に筋肉増強飯はじゅうようだモン。

みんな、ボクみたいなマッチョで健康な筋肉を育ててほしかモン。

では、「りょうり男子」のはじまりはじまり〜だモン。

2024年3月　くまモン

目　次

ボクといっしょに
つくってみて
ほしかモン！

くまモンの
りょうり男子のおやくそく

その **1**

レッツトライだモン！

失敗を恐れずに、「皿を割れ」精神でりょうりするモン！
ちょっとむずかしそうだと思っても、ちょうせんすることに意味があるモン。
きっとおいしくできるモン

その **2**

おいしいは人それぞれだモン！

味が足りないとか違うかなと思ったら
自分流にアレンジするのも大事だモン！
味覚は人それぞれだモン

その **3**

りょうり時間を楽しむモン！

りょうりは楽しく作りたいモン！
好きな音楽を聴いたり、踊ったりしながら作るとよかモン。
自分だけのためのりょうりだとしても楽しむモン

レシピ表記について

◆分量は2人分です。
◆小さじ＝5㎖、大さじ＝15㎖です。
◆材料の「適量」はその方にとってちょうどいい量のことです。

 このマークはちいさなおともだちでも作れる
簡単・安全レシピです。

☆「皿を割れ」は、くまモンの育ての親・蒲島郁夫熊本県知事が県職員
に伝えたメッセージ。「皿をたくさん洗う人は、皿を割る人でもある。た
だ皿を割るのを恐れて洗わないより、割ってもいいからチャレンジする
ほうが大事」という意味が込められている。

楽しく作って
楽しく食べるモン

Chapter 1

出勤前の
元気チャージ飯

朝は眠いし、あわただしいモン！
でもボク、朝ごはんはしっかり食べたいモン♥
すぐに作れて元気が出るボクの定番メニューを紹介するモン

高菜とあか牛のおにぎり

材料

ごはん …… 1 個につき茶わん 1 杯分
高菜漬け …… 適量
あか牛ひき肉 …… 150 g

A
- おろしニンニク
  …… チューブで 0.5cmほど
- しょう油 …… 大さじ 2 と 1/2
- 砂糖 …… 大さじ 2
- 酒 …… 大さじ 1 と 1/2
- コショウ …… 少々

❶ ひき肉と A を混ぜてから、中火にかけて、そぼろを作るモン

❷ へら（あるいは菜箸 4〜5 本）で混ぜながら牛肉に火を通すモン！

❸ 煮汁がなくなるまで煮詰めたら、刻んだ高菜漬けとともにごはんに入れるモン

❹ おにぎりを作るモン

❺ ふんわりにぎるモン。ボクのはちょっと大きいかモン？

熊本県産牛肉消費拡大キャンペーンのシェフ衣裳だモン。
むしゃんよかかモン？

ボクのサイズ

普通のサイズ

● チェックくまポイント！ ●

あつあつを少し冷ましてから、
ラップでむぎゅむぎゅっとにぎるモン

トマトカップサラダ

材料

トマト …… 2個
玉ネギ（みじん切りにして水にさらし、
辛みを抜く）…… 1/4 個

A
ゆで卵（あらみじん切り）…… 1個
ピクルス（あらみじん切り）…… 2本
ロースハム（あらみじん切り）
…… 4枚
パセリ（みじん切り）…… 小さじ2
マヨネーズ …… 大さじ2
塩 …… 適量
コショウ …… 適量

❶ トマトは上 1/5 程度を切ってヘタを取るモン。底は少し切りすわりをよくするモン

❷ トマトの中身をくりぬいて、あらみじんに切っておくモン

❸ きれいにくりぬくことができたモン。これがカップになるモン

❹ ボウルに A を入れ、②のあらみじんに切ったトマトと玉ネギも加えるモン

⑤ やさしくていねいに混ぜていくモン

⑥ トマトを潰さないように混ぜるモン

⑦ マヨネーズを入れるモン。このくらいの高さからでよかかモン？

❽ 塩、コショウを軽くふるモン。おいしそうになってきたモン

❾ さらにやさし～く混ぜていくモン。ますますおいしそうだモン

❿ 味見は大事だモン。つまみ食いじゃなかモン

⓫ 混ぜ合わせたものをカップに見立てたトマトに入れていくモン

⓬ こぼさないように慎重に、そうっとだモン

⓭ いっぱい詰めるモン。よだれは垂らさないモン。じゅるっ☆

トマトをていねいにくりぬいて、
中に詰めるのがおしゃれだモン

鯛茶漬け

材料

鯛の刺し身 …… 100g

A
┌ しょう油 …… 大さじ 1 と 1/2
│ みりん …… 大さじ 1 と 1/2
└ 白すりゴマ …… 大さじ 1 と 1/2

ごはん …… 茶わんに軽く 2 杯分

だし汁 …… 400㎖

ワケギ、三つ葉、刻みノリ …… 適量

❶ 鯛を一口大に切るモン

❷ A に鯛を入れて、よく味をなじませるモン

❸ ごはんの上に鯛をきれいに並べ、刻んだワケギを散らすモン

❹ 刻みノリもいっぱいかけるモン

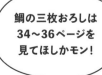

鯛の三枚おろしは
34〜36ページを
見てほしかモン！

⑤ 温めただしを横から注ぐモン。ボクは
たっぷりが好きだモン

⑥ お好みで三つ葉もどうぞだモン

● チェッくまポイント！ ●

ボクが三枚におろした鯛は、
たいぎゃおいしかったモン

15

\しらすとチーズが名コンビだモン/

トマトとしらすのピザ

材料

ピザシート（市販のもの）…… 20㎝を1枚
トマトソース（市販のもの）…… 適量
しらす …… 50g
モッツァレラチーズ …… 100g
オリーブオイル …… 適量
刻みノリ …… 適量

❶ ピザシートにトマトソースを塗るモン。真ん中にのせてから広げていくとよかモン

❷ しらすを6カ所くらいに分けてのせるモン。切りわけたときにきれいだモン

❸ しらすの間をちぎったモッツァレラチーズで埋め、オリーブオイルを回しがけするモン

❹ さらにチーズをたっぷりのせるモン

⑤ 250度のオーブンで10分ほど焼くモン。ヨイショ、ヨイショだモン

⑥ きれいに焼けてはいよ〜って祈るモン。焼けたら、刻みノリもたっぷりのせるモン

【 熊本県の農産物・畜産物を 紹介するモン! 】

この本にも出てくる
おいしい農産物・畜産物の
おもな産地はコチラ!

県北エリア　阿蘇エリア
熊本
熊本市エリア
県央エリア
熊本県
天草エリア　県南エリア

野菜

ナス → 熊本市内
スイカ → 熊本市内、上益城
イチゴ → 八代、玉名
晩柑 → 天草

レンコン → 熊本市内
サツマイモ → 阿蘇、菊池
トマト → 宇城、八代、上益城、玉名
ハニーローザ → 玉東町

畜産物

肉牛 → 菊池、球磨、阿蘇
豚肉 → 菊池、阿蘇

乳牛 → 菊池、球磨

熊本県は平坦地から高冷地までの恵まれた立
地条件を生かして、お米や野菜・果樹の栽培、
肉用牛や酪農、養豚も盛んだモン! ほかに
イグサ、タバコ、茶などの工芸作物や、宿根
カスミソウ、トルコギキョウなどの花卉など、
多彩な農業を展開する全国屈指の農業県だモ
ン! みんな、熊本のおいしい食べ物、いっ
ぱい味わってほしかモン!

※くわしくはJAグループくまもと
https://www.ja-kumamoto.or.jp でチェックくま!

Chapter 2

お仕事終わりの
お疲れごほうび飯

お仕事、お疲れさまですモン！
今日も1日がんばったボクもみなさんも、えらいモン☆
疲れてクタクタでも簡単に作れるメニューを考えてみたモン

あか牛すき焼きぶっかけうどん

材料

うどん …… 2玉
あか牛 …… 200g
玉ネギ …… 1/2 個

A
┌ しょう油 …… 大さじ2
│ 砂糖 …… 大さじ1
│ 酒 …… 大さじ1
└ 水 …… 1/2 カップ

❶ 鍋に A を入れて火にかけ、薄切りの玉ネギを入れるモン

❷ ①に食べやすい大きさに切った牛肉も入れるモン

❸ 玉ネギがやわらかくなるまで煮るモン

❹ あつあつにゆでたうどんに、③の具をのせていくモン

⑤ 汁もたっぷりかけるモン

⑥ ダシが体に染み渡るモ〜ン

● **チェックまポイント！** ●

あつあつのうどんに、
あつあつのあか牛がさいこうだモン

ナスのみそ田楽

材料

ナス …… 2個
サラダオイル …… 大さじ2

田楽みそ
A
みそ …… 大さじ2
砂糖 …… 大さじ1
水 …… 大さじ1
みりん …… 小さじ2

❶ 田楽みそを作るモン。鍋にAを入れて
よく混ぜ合わせ火にかけるモン

❷ ナスは縦2つに切ってサラダオイルで
焼き色がつくまで、両面をじっくり焼くモン

❸ みそがふつふつしてきたら、弱火にし
てペースト状になるまでよく練るモン

❹ ナスにまんべんなくみそを塗っていく
モン

⑤ 端までたっぷり塗るのが好きだモン

● チェックまポイント！ ●

みそが焦げないよう、
ふつふつしたら弱火でよーく練るモン

キーマカレーに野菜をトッピングするモン

モ～ン！ カレー

材料

トマト …… 2個
玉ネギ …… 1個
あか牛ひき肉 …… 150g
サラダオイル …… 適量
ニンニク …… 1片
塩 …… 適量
コショウ …… 適量

カレールーを砕いたもの …… 大さじ2
水 …… 300㎖
ごはん …… 適量

ナス、カボチャ、ニンジン、シメジなどは
適量を素揚げにしておく

❶ トマトは2個ともすりおろしておくモン

❷ 玉ネギはみじん切りにするモン。おろ？
この手動みじん切り機、楽しかモ～ン

❸ 深めのフライパンにサラダオイルを入
れて熱し、みじん切りにしたニンニクを炒
めるモン

❹ 玉ネギのみじん切りを加えて、アメ色
になるまで炒めるモン

❺ モンモンモン♪　鼻歌が出ちゃうモン

❻ あか牛ひき肉を入れて、炒めるモン

❼ ひき肉に火が通ったら、塩とコショウを加えてさらによく炒めるモン

❽ トマトのすりおろし1個分を入れて、混ぜるモン

❾ 水とカレールーを混ぜ入れて中火で熱し、沸騰したら弱火で15分煮込むモン

❿ 塩とコショウを加えて味を調えたら火を止め、残り1個分のトマトのすりおろしを入れて混ぜるモン

⑪ ごはんをよそったお皿に、カレーを盛りつけるモン

⑫ 野菜の素揚げをトッピングしていくモン

● チェックくまポイント！ ●

いろんな野菜を素揚げにして
トッピングするモン

南関あげチップス

材料

南関あげ（熊本県南関町に伝わる油揚げ）
…… 1 枚
トマト …… 1 個
玉ネギ …… 1/4 個
ピーマン …… 1/2 個
ピクルス …… 2 本

タバスコ …… 小さじ 1/2
塩 …… 適量
水 …… 適量
ケチャップ …… 大さじ 1 と 1/2

❶ 南関あげは縦 2 回、横 2 回包丁を入れて、9 個に切るモン

❷ お皿にきれいに並べるモン

❸ サルサソースを作るモン。野菜は全部みじん切りにし、タバスコと水を入れて混ぜ合わせるモン

❹ さらに塩で味を調えるモン

⑤ ケチャップは大胆に加えるのが、ボクの好みだモン

⑥ 南関あげにサルサソースをたーっぷりつけて食べるモン

● チェックまポイント！●

サルサソースは
よーく混ぜるとおいしいモン

太刀魚の梅しそ巻き

材料

太刀魚 …… 5切れ
梅干し …… 大2〜3個
青じそ …… 3〜4枚
片栗粉 …… 適量
サラダオイル …… 適量

❶ 太刀魚は巻きやすい大きさにして、叩きほぐした梅干しを塗るモン

❷ 縦半分に切った青じそをのせ、太刀魚で巻いていくモン

❸ マッチョなボクでも巻くのが大変だったモン

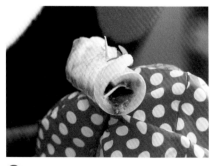

❹ きれいに巻けたら楊子でとめて、片栗粉をまぶすモン

❺ 180度の油で薄く色づくまで、2分程度、揚げ焼きにするモン

❻ ゆっくり見守って、揚がったら油を切ってお皿に盛るモン

● チェックまポイント！ ●

梅が焦げないように、
よーくチェックまするモン

31

熊本県産のトマトを使った
むぎゅカプレーゼ

材料

トマト …… 1 個
モッツァレラチーズ …… 100g
エクストラバージンオリーブオイル
…… 大さじ 1
バジルの葉 …… 適量
岩塩 …… 適量
黒コショウ …… 適量

❶ トマトは横に 1cm 幅に切るモン。手を切らないよう気をつけてはいよ〜！

❷ モッツァレラチーズも 1cm 幅に。断面を少しギザギザにするとオイルがからみやすいモン

❸ トマトとチーズを交互に並べていくモン

遠目から
トマトとチーズの配置を
チェックくま

4 バジルもきれいにのせていくモン

5 オイルをかけ、岩塩と黒コショウも好きなだけかけるモン

● チェックくまポイント！ ●

ボクのほっぺみたいな真っ赤なトマト、
たくさん食べてほしかモン

鯛の三枚おろしショーだモン！

ボクは熊本のお魚が大好き！　新鮮なお魚をいつもマイ出刃包丁で調理しているモン！
熊本県の特産物の鯛を使って、三枚おろしを特別にお見せしちゃうモン！

❶　こんなに立派な天草の真鯛だモン。
腕が鳴るモン

❷　鱗と内臓を取ってきれいに洗い、鯛
の背を手前にし頭を外していくモン

❸　背びれに添うように切り込みを入れ
るモン

④ 尾の付け根に切り込みを入れるモン

⑤ 腹側に包丁を入れ、骨に添って切り進めるモン

⑥ 骨と身を切り離していくモン

⑦ 片身がおろせたら、反対側も同じようにおろすモン

❽ 三枚おろしの出来上がりだモン

❾ 尾の付け根の皮を少しはがし手でつまみ、身と皮の間に包丁を入れて引くモン

❿ 刃先とまな板が平行になるイメージで小刻みに包丁を動かしていくときれいに皮が引けるモン。そのあとはりょうりに合わせた大きさに切っていくモン

Chapter 3

裏のない
おもてなし料理

みなさんの笑顔はぼくのハッピーだモン
ボクのおもてなしりょうり、裏もなかモン！
熊本のおいしい食材でおしゃれなレシピを作ってみたモン！

ジュエリージュレサラダ

材料

レタス …… 1個

ベビーリーフ …… 1パック

パプリカ …… 赤・黄各1個

天草晩柑（時期でなければ他の柑橘類
または缶詰を使用）…… 好きなだけ

ジュレ

透明しょう油 …… 100cc

酢 …… 50cc

みりん …… 大さじ2

柑橘果汁 …… 50〜100cc

粉ゼラチン …… 3g

❶ まずはレタスをお皿いっぱいに盛りつけていくモン

❷ ベビーリーフもたくさんのせるモン

❸ 1cm角に切ったパプリカも散らすモン

❹ 缶詰のデコポンをのせていくモン。彩りのバランスが大事だモン

⑤ ジュレの材料を混ぜ弱火にかけ煮溶かしたら容器に入れ冷蔵庫で寝かせるモン

⑥ フォークでひっかいてキラキラさせたジュレを、たっぷりのせるモン

● チェックくまポイント！ ●

ベビーリーフの赤い軸が上にくるように
盛りつけてみたモン

鯛とクルマエビのアクアパッツァ

3 おもてなし料理

材料

鯛の切り身（塩をふっておく）…… 2切れ
クルマエビ …… 6尾
アサリ（塩抜きしておく）…… 100g
ミニトマト …… 6個
マッシュルーム（薄切り）…… 6個
ニンニク（薄切り）…… 1かけ

オリーブオイル …… 大さじ2
白ワイン …… 大さじ3
パセリ …… 適量
塩 …… 少々
コショウ …… 少々
水 …… 適量

❶ フライパンにオイルを入れて、温度を確かめるモン

❷ 水分を拭き取った鯛を皮目から焼くモン

❸ 両面焼いたら、取り出すモン

❹ ヒゲを切り、背わたを取ったクルマエビを香ばしく焼いたら取り出しておくモン

⑤　④のフライパンを弱火にして、ニンニクとマッシュルームを炒めるモン

⑥　さらにアサリを入れていくモン

⑦　鯛とクルマエビを戻してミニトマトも加えるモン

⑧　塩とコショウで味を調えるモン

⑨　白ワインを加えるモン

⑩　水も入れるモン

41

⑪ 沸騰したらアクを取って蓋をし、弱火で5分ほど蒸し煮するモン

⑫ 盛りつけるモン。まずはアサリを入れていくモン

⑬ エビや鯛も盛りつけていくモン

スープも
たっぷりだモン

⑭ 最後にパセリをちらして出来上がりだモン

クルマエビの
ポーズだモン

● チェックまポイント! ●

鯛やクルマエビを焼くときは、
"素材の音を聞け" だモン

小さくても大きくてもおいしいモン

ボクのあんよの手まり寿司

材料

ごはん …… 適量　　　　　鯛 …… 適量

寿司酢 …… 適量　　　　　イサキ …… 適量

エビ …… 適量　　　　　　タコ …… 適量

キビナゴ …… 適量　　　　ほか、お好みの魚介類 …… 適量

❶ 茶わんにラップを敷いて好みのお魚を入れていくモン

❷ 鯛にタコに……ボクは全部入れちゃうモン

❸ 熊本はおいしい魚介類が一年中、とれるモン

❹ 寿司酢を混ぜたごはんを入れて、ラップごと持ち上げて軽くにぎるモン

⑤ こんなにきれいでおいしそうだモン

⑥ 小さいのと組み合わせると、まるでボクのあんよだモン

● チェッくまポイント！ ●

好きな大きさに作ると楽しいモン。 ボクは大きいのを食べるモン！ じゅるっ

鯛のポワレ　レモンソース

材料

鯛 …… 2切れ
塩 …… 適量

レモンソース
┌ 白ワイン …… 100cc
│ レモン汁 …… 1/4個分
│ バター …… 10g
│ しょう油 …… 小さじ1
└ コショウ …… 適量

① 塩をして水分を拭き取った鯛を皮目から、じっくり焼いていくモン

② 鯛から出た脂を皮目にかけて、また焼くモン。カリッカリにするモン

③ 焼けたら鯛を取り出すモン

④ そのフライパンに、レモンソースの材料をすべて入れて少し煮詰めていくモン

⑤ 煮詰まったら鯛を盛りつけ、ソースを
お皿に敷くモン

⑥ カリッカリの皮目には、ソースはかけ
ないのがポイントだモン

● チェックくまポイント！ ●

皮がカリッカリになるまで
ていねいに焼くのがポイントだモン

ハッピーサプライス

材料（1人分）

ごはん …… 1人前
鶏肉 …… 好きなだけ
玉ネギ …… 1/2個
ケチャップ …… 適量
塩 …… 少々
コショウ …… 少々

ふわとろオムレツ（1人分）

卵 …… 中3個
マヨネーズ …… 少々
バター …… 10g
ミニトマト …… 8個

❶ 玉ネギをアメ色になるまで炒め、ごはんと鶏肉、ケチャップも加えてチキンライスを作るモン

❷ ミニトマトを入れ込んだふわとろオムレツを作ってのせるモン

❸ ナイフを入れると、トマトが飛び出してきてびっくま〜

❹ トマトは焼いてから入れ、崩しながら食べてもおいしかモン

⑤ ケチャップ、ケチャップ、ケチャップ〜〜だモン

⑥ ノールックでたっぷりかけちゃうモン。芸術的だモン

ハッピーでサプラーイズな
オムライスだモン

【 熊本県の水産物・特産品を 紹介するモン! 】

この本にも出てくる
おいしい水産物の
おもな産地はコチラ!

魚介物

鯛 → 県下沿岸、天草、御所浦

アサリ → 有明、八代、荒尾など

太刀魚 → 宇土、水俣など

クルマエビ → 天草

キビナゴ → 天草牛深など

タコ → 天草、八代など

有明海、八代海(不知火海)、天草灘の3つ
の海がある熊本県。いろいろな特性がある
から、多種多様な漁業が行われているモン!
養殖も盛んで、鯛やクルマエビもいっぱい育
てているモン! ボクも「さかな検定」に合格
したから、熊本の水産物のPRを一生懸命頑
張っているモン! 鯛だっておろせちゃうモン!

ボク、2013年に
「日本さかな検定」の3級に合格したモン!

※くわしくは「くまもと四季のさかなのご紹介」
https://www.pref.kumamoto.jp/soshiki/94/1734.html
でチェックくま!

ほかにこの本に出ている特産品に高菜漬け、南関あげ、水俣産和紅茶、
赤酒、サラダ玉ネギしょう油ベースのドレッシングがあるモン! ぜひ
チェックしてくまさい!

Chapter 4

目指せマッチョ！
筋肉増強飯

ボクはずっとマッチョなイケメンを目指してるから
食べるものは大事だモン！
ボクがいつも食べている筋肉を増やすレシピ、教えちゃうモン！

熊本盛りモリバーガー

4
筋肉増強飯

材料

ハンバーグ

あか牛ひき肉 …… 250g
玉ネギ …… 1/4 個
卵 …… 1個
塩小さじ …… 1/4
チーズ …… 適量
ナツメグ …… 少々
黒コショウ …… 少々
オリーブオイル …… 小さじ

バーガー用

トマト …… 1個
サラダ玉ネギ（水俣・芦北地方で栽培
されている玉ネギ）…… 適量
レタス …… 1枚
米粉バンズ …… 2個
スライスチーズ（好みで）…… 2枚
ケチャップ …… 好きなだけ
マヨネーズ …… 好きなだけ

❶ ハンバーグを作るモン。肉に炒めた玉ネギ、卵、調味料を入れてよーく練るモン

❷ 粘り気が出たら、成形するモン。ちょっと大きめにしたいモン

❸ タネの空気を抜きながら、俵型にしていくモン

❹ フライパンにオリーブオイルを引いて、焼いていくモン

5 中火で8分くらい、中に火が通るまで加熱するモン

6 バンズを半分に切って、まずはレタスとサラダ玉ネギをのせるモ〜ン

7 次はスライスチーズ、その次はトマトだモン。うん、おいしそうだモン

8 ハンバーグをのせるモン。ズレないように気をつけるモン

9 まずはケチャップかモン。好きなだけかけてはいよー

10 ボクはマヨネーズもかけたいモン。はみ出したかモン？ 気にしないモン

ハンバーグはタネをよーく練ると
筋トレにもなるモン

レンコンナゲット　馬肉みそ添え

4 筋肉増強飯

材料

レンコン …… 10㎝くらい

小麦粉 …… 少々

塩 …… 少々

馬肉みそ（市販のもの）…… 適量

❶ レンコンの穴から未来が見えるモ〜ン

❷ 皮をむいたレンコンをすりおろすモン。腕を鍛えるつもりでがんばるモン

❸ すりおろしたレンコンに小麦粉、塩を入れてよく混ぜ合わせるモン

❹ 一口大に軽く成形したらガン見するモン。おいしそうだモン

⑤ レンコンナゲットを焼くモン。両面、きれいにこんがりいい色になったモン

⑥ 馬肉みそをかけるモン。いくらでも食べられるモン。どうぞだモン

揚げるよりヘルシーだモン。
馬肉みそは好きなだけかけてはいよ〜

天草大王のガパオライス

材料

天草大王のひき肉
（日本に生息する最大級の地鶏・なければ
一般の鶏ひき肉で）…… 200g
赤パプリカ …… 1/2 個
玉ネギ …… 1/4 個
バジル …… 1パック
赤唐辛子の小口切り …… 1本
ニンニクのみじん切り …… 1/2 かけ

卵 …… 2個
温かいごはん …… 茶わん2杯分

ガパオソース
┌ オイスターソース …… 大さじ2
│ 水 …… 大さじ2
│ ナンプラー …… 大さじ1
└ 砂糖 …… 小さじ1

❶ パプリカを小さく切るモン

❷ 玉ネギを薄切りにするモン

❸ 涙が出てきたモン。めげずにがんばる
モン

❹ フライパンに具材を入れて炒めていく
モン。フライパン返しもできるモ〜ン

4
筋肉増強飯

5 混ぜておいたガパオソースを入れて、さらに炒めるモン

6 温かいごはんを盛りつけてわきに添え、上に半熟目玉焼きをのせるモン

● チェッくまポイント！ ●

半熟目玉焼きを崩しながら食べると、
ほっぺが落ちるモン

タコのカルパッチョ

材料

ゆでダコ …… 150g
サラダ玉ネギ …… 1/2 個
天草晩柑果実 …… 適量

※天草晩柑
（今回は収穫時期ではなかったので、
熊本県産スイートスプリングを使用）

ドレッシング

オリーブオイル …… 大さじ3
晩柑果汁 …… 大さじ1
塩 …… 少々
黒コショウ …… 少々
ニンニクのすりおろし
…… 小さじ 1/3
パセリのみじん切り（乾燥パセリでも）
…… 適量

❶ タコを薄切りにするモン。断面がギザギザになるように切るモン

❷ こんな感じに切っていくモン

❸ サラダ玉ネギの薄切りをお皿に敷き、その上に切ったタコをのせていくモン

❹ きれいに並べていくモン

⑤ スイートスプリングの薄切りをのせて
いくモン

⑥ ドレッシングをたっぷりかけるモ〜ン

味見だモン。
つまみ食いじゃ
なかモン

● チェックまポイント！ ●
表面がギザギザになるようにタコを切ると、
ドレッシングがよくからむモン

カモン南蛮イケメソバ

材料

ゆでソバ …… 2玉
天草大王のササミ …… 200g
ネギ …… 1本
しょう油 …… 適量

小麦粉 …… 適量
ソバつゆ（市販のめんつゆを記載通りに希釈）…… 適量

❶ ネギを3cm程度に切って、フライパンで焦げ目がつくくらいじっくり焼くモン

❷ ササミは一口大にして10分程度しょう油に漬けこみ、小麦粉をまぶしてから火にかけたつゆに入れるモン

❸ 焼いたネギも入れて動かさずに煮込むモン

❹ ゆでたソバに熱々のつゆをかけるモン

⑤ 小口切りのネギをトッピングするモン

⑥ いくらでも食べられるモン

● チェックまポイント！ ●

ササミを入れたら動かさずに待つモン。
食べればイケメソになれるモン

天草大王のササミとゆで卵の

筋肉サラダ

材料

サニーレタス …… 70g

ベビーリーフ …… 適量

天草大王のササミ …… 150g

ゆで卵 …… 2個

サラダ玉ネギのしょう油ベースドレッシング
（市販のもの）…… 適量

① お皿にサニーレタスやベビーリーフを盛りつけていくモン

② ゆでたササミを裂いたものをのせていくモン

③ 切ったゆで卵ものせるモン

④ ドレッシングをかけるモン

⑤　いっぱいかけちゃうモン

⑥　たんぱく質いっぱいの筋肉サラダの出
来上がりだモン

● チェックまポイント！ ●

ドレッシングはサラダ玉ネギの
しょう油ベースがお気に入りだモン

食材捕獲!!だモン!

りょうり男子としては、食材からこだわりたいモン!
熊本が誇るおいしい調味料、野菜、魚介類を探しに行ってみたモン!
やっぱり熊本、たいぎゃうまかもん、たくさんあったモン!

調味料を買いに行くモン！

熊本県産の大豆を使ったみそやしょう油を探しにきたモン

みそ、味見だモン。白みそと赤みそ、どっちもおいしそうだモン

しょう油も濃口と淡口、味見させてもろたモン

きれいな色だモン

おみそ汁もおいしいモン

おじゃましたところ
松合食品株式会社
熊本県宇城市不知火町松合1999
TEL 0964-42-2212
しょう油、みそ、醸造酢、
ソース、佃煮の製造と販売
https://www.matsuai.co.jp/

松合食品さんではしょう油ソフトクリームが人気なんだモン！

ミッション2　**トマトとネギを採りに行くモン！**

トマト編

トマト農園にお邪魔して、
ビニールハウスで収穫だモン♪

宝石みたいなトマトだモン

> スリムだから
> 狭いところも
> 入れるモン

やさしくもいで収穫するモン。
カゴにどんどん入れるモン♪

こんなにいっぱい採れたモン。
何のりょうりに使おうかモン？

ボクのほっぺよりは小さいけど、
重量感たっぷりだモン！

収穫終了だモン！
もうちょっと味見していくかモン？

ネギ編

さあて、次はネギ畑だモン。あまい香りがプンプンだモン

新鮮なネギ、
2本ゲットしたモン！
和食に使うモン

おじゃましたところ
とまといちえ農場
ラブコールメロン＆トマト

熊本県宇城市松橋町砂川 611
TEL 090-2857-3932
トマトとメロンの栽培と販売
https://www.matsumoto-nouen.com

おじゃましたところ
桐木農園

熊本県宇城市松橋町東松崎 168-3
ネギなどの野菜の栽培と販売
桐木農園の野菜は
宇城彩館（70 ページ）で販売されています

道の駅でお買い物するモン！

食材捕獲!!だモン！

大好きな道の駅「宇城彩館」で
野菜を買うモン。ウキウキだモン！

サツマイモを使ったレシピがあったモン。
熊本では「からいも」って呼ぶモン！

お買い物は
楽しかモン

シイタケ発見♪
熊本のキノコは
おいしかモン

次はレンコンだモン。
いいレンコンが手に入ったモン！

お肉はどっちがよかかモン？
やっぱり赤身肉かモン！

おじゃましたところ
宇城彩館（道の駅うき　物産館）
熊本県宇城市松橋町久具 757-3
TEL　0964-34-0377
安心安全、地産地消、旬産旬消の発信地
https://www.jauki.or.jp/michinoeki/

おろ？　あっちにうまかもんがありそうだモ〜ン！　じゅるり☆

海で魚を釣っちゃうモン！

食材捕獲!!だモン！

三角西港に来たモン。釣りざお持って、腰入れるモン！　大きな魚をゲットだモン！

魚がかかった
かモン？

今日も1日
走り回って
楽しかったモン♪

太陽は沈みゆくモン。
まだ釣れないモン　もう少し頑張るモン！

Chapter 5

休日☆癒やしの
あまあまスイーツ

ボクが"スイーツ男子"って知ってるガモン？
熊本の新鮮なフルーツや乳製品を使って
あまくてほっぺがおちるスイーツを作ったモン！

スイカゼリー

材料

小玉スイカ …… 1個（約2kg）

A
- 砂糖 …… 大さじ3
- レモン汁 …… 大さじ1
- 粉ゼラチン …… 大さじ2
- 水 …… 50㎖

❶ まずはスイカ割り〜〜！　違うかモン？

❷ スイカは半分に切って果肉をくりぬき、つぶして漉して果汁を作るモン

❸ 粉ゼラチンを50㎖の水でふやかして入れた A と②を鍋に入れるモン

❹ 沸騰しないように弱火にかけて、よく混ぜていくモン

5 冷ましてからスイカの器に④を入れる
モン

6 早くできるように、冷蔵庫さんにお願
いするモン

● チェッくまポイント！ ●

スイカの果汁、レモン汁、
粉ゼラチンはよく混ぜてはいよ〜

熊本県産のからいもは絶品だモン

辛くない、からいモンブラン

材料

厚めのビスケット（市販品）…… 数枚
生クリーム …… 60cc

イモペースト
- サツマイモ …… 約350g（大2本）
- 砂糖 …… 大さじ5
- 牛乳 …… 90cc
- バター …… 40g

※サツマイモのことを熊本では「からいも」
と呼びます

❶ 蒸したサツマイモの皮をむくモン。熱いけど、やりきるモン

❷ サツマイモを1cmくらいの輪切りにしてボウルに入れるモン

❸ サツマイモを潰し、その他のイモペーストの材料を混ぜてよく練るモン

❹ 裏ごしするモン。冷めたらペースト用とクリーム用に分けるモン

⑤ ビスケットにペーストをたっぷりのせるモン

⑥ ペーストに生クリームを混ぜてやわらかくして、絞り器でモンブランにするモン

● チェックくまポイント！ ●

からいもクリームをたくさん
しぼり出すのが楽しかモン

ボクのほっぺゼリー

材料

イチゴ …… 1パック
粉ゼラチン …… 小さじ1と1/2
レモン汁 …… 1/2個分
砂糖 …… 70g
湯 …… 200㎖

❶ ボクのほっぺみたいに真っ赤なイチゴ
は、ヘタをとって洗って半分に切るモン

❷ イチゴは小鍋に入れて砂糖をまぶして
30分置き、レモン汁を入れるモン

❸ 中火にかけながら、木べらで静かに混
ぜるモン

❹ 沸騰して泡が出るまで混ぜ、もう一度
ぶくぶくっときたらお湯を入れるモン

⑤ 火を止めて粉ゼラチンを入れ、溶けるまで静かに混ぜるモン

⑥ イチゴを器に盛り、冷ました⑤のゼリー液を注いで冷蔵庫で冷やし固めるモン

熊本のデコポンをトッピング！

なんてこったモンナコッタ

材料
生クリーム …… 200cc
グラニュー糖 …… 大さじ3
牛乳 …… 200cc
粉ゼラチン …… 5g
デコポン …… 1個（なければ缶詰でも可）

❶ 生クリームとグラニュー糖を鍋に入れて熱し、粉ゼラチンを少しずつ加えるモン

❷ 弱火で混ぜて粉ゼラチンが溶けたら火を消して牛乳を加え、カップに入れるモン

❸ あとは冷蔵庫さんに託すモン

❹ 冷やし固まったら、お皿にあけるモン

❺ さて、どんなデザインにするかモン？
イメージが大事だモン

❻ デコポンをきれいにトッピングするモ
ン。デザイン、どうかモン？

● チェックまポイント！ ●

ゼラチンが完全に溶けるまで
静かにかき混ぜるモン

熊本のおいしい果物がいっぱい

シュワシュワフルーツモンチ

材料

イチゴ …… 適量

デコポン …… 適量

ミカン …… 適量

天草晩柑など熊本県産のフルーツ …… 適量

サイダー …… 適量

❶ フルーツを食べやすい大きさに切るモン

❷ グラスにフルーツを盛りつけていくモン

❸ どう盛りつけたらきれいか考えながら入れるモン

❹ どんどん入れていくモン

6 出来上がりだモン。絶対、おいしい
ヤツだモン！

5 サイダーを注ぐモン。シュワシュワ大好
きだモン

熊本の新鮮なフルーツは
びっくまするくらいうまかモン

小さなおともだちでも作れる!

熊本のトマトはすごかモン

トマトのアイスクリーム

5
あまあまスイーツ

材料

トマト …… 1 個
純粋ハチミツ …… 大さじ 3

生クリーム …… 大さじ 2（30cc）
ミント …… 適宜

❶ 皮を湯むきしてヘタをとったトマトを冷凍庫で 2 時間寝かせるモン。待つモン

❷ トマトを取り出して 2.5cm角に切り、器に入れて生クリームを加えるモン

❸ ハチミツも入れるモン。ボクはたっぷり入れちゃうモン

❹ よく混ぜて、なめらかになるまでフードプロセッサーにかけるモン

⑤ ガラスの器に盛りつけるモン。再冷凍してもよかモン

⑥ きれいに盛りつけたらミントを飾るモン

● チェックくまポイント！ ●

トマトのポテンシャルを
甘くみないでほしかモン。甘いけど…

\ 熊本県玉東町産！ /

ハニーローザの杏仁豆腐

材料

市販の杏仁豆腐 …… 適量

ハニーローザのジャム …… 大さじ2

ハニーローザ

毎年6月上旬～中旬のわずか10日間ほどしか収穫
することができない希少なスモモだモン。熊本北部の
玉東町（ぎょくとうまち）はハニーローザ生産量日本一だモン。今回は
ジャムを使ったモン。通信販売でも買えるから、この
甘ずっぱいおいしさをチェックくましてはいよ～！

❶ 杏仁豆腐にハニーローザのジャムをかけるモン

❷ あっという間に極上のデザートの出来上がりだモン！

● チェックくまポイント！ ●

ハニーローザは幻のスモモだモン

モフケーキ

材料

市販のスポンジケーキ …… 1ホール

生クリーム …… 1パック（200cc）

ココアパウダー …… 適量

1 市販のスポンジケーキを用意し、ボクの手の形にカットするモン

2 表面に泡立てた生クリームをつんつんさせながら塗り、ココアパウダーをたっぷりかけるモン

● チェックまポイント！ ●

ボクの手みたいにモフモフだモン

\ 水俣産の和紅茶にホイップクリームをのせたモン /

モンモコモモコモコミルクティー

材料

紅茶の葉 ……ティースプーン 2 杯

生クリーム …… 80cc

❶ 生クリームをもっちりするまで泡立てるモン

❷ 水俣産の和紅茶をいれるモン。ひとり分はティースプーン 1 杯、3 分待つモン

❸ カップにゆっくり紅茶を注ぐモン。優雅なティータイムだモ〜ン

❹ ホイップした生クリームを紅茶にのせるモン

❺ いっぱいいっぱいのせるモン。こぼれないように気をつけるモン

❻ モフケーキと一緒に楽しむモン。とってもおいしいモン

生クリームはたっぷりモコモコ、 ぜいたくにのせるモン

立派な太刀魚だモン！

スタッフみんなでチェックま。
チーム一丸となって撮影したモン！

火加減、
だいじだモン

りょうり本の舞台裏、

りょうりざんまいの日々、楽しかったモン！

ボクのお得意のポーズだモン♪

「おばちゃん」ぽいって
言われたけど、ボク男の子だモン！

スタッフさんたちが調整中だモン。
ボクはしっかり
みんなを見守るモン！

宮井カメラマンはボクのこと、よーく知ってるモン。
ボクのイケメソの瞬間を逃さないモン!

お皿ふきふきするモン。
りょうりは準備と片づけが大事だモン!

見せちゃうモーン!

ボクとスタッフが頑張った姿を見てほしいモン!

ボク、夢中になると
足が上がるみたいだモン

おろ?
なんだか見えづらかモン

撮影が終わって
ほっとひと息だモン。
熊本の夕陽は
たいぎゃきれいだモン!

ボクからみんなへのメッセージ

最後まで読んでくれてありがとうだモン！
このりょうり本、いっぱい使い倒してほしガモン！

でも…

〇取材協力（順不同・敬称略）

熊本県青果物消費拡大協議会

熊本県畜産農業協同組合

ＪＡ熊本経済連

熊本魚商協同組合

有限会社　明成

株式会社　ふく成

松合食品株式会社

とまといちえ農場

桐木尚子

熊本県庁くまモングループ

〇スタッフ

撮影　　　　　　宮井正樹

料理監修　　　　相藤春陽（HARUlab）

企画・構成　　　亀山早苗

ブックデザイン　木村美穂（きむら工房）

校正　　　　　　有賀喜久子

くまモン

熊本県営業部長兼しあわせ部長。誕生日は3月12日。好奇心旺盛なやんちゃな男の子。

2010年2月、翌年の九州新幹線全線開業を見据えた「くまもとサプライズ」キャンペーンのロゴと同時に「おまけ」として誕生。同年10月、くまもとサプライズ特命全権大使に就任。2011年9月、蒲島郁夫熊本県知事より、知事、副知事に次ぐ3番目の地位である営業部長に抜擢された。同年11月「ゆるキャラ®グランプリ2011」で優勝し、快進撃が始まる。海外での人気も高く、これまで22の国（地域）を訪れている。2014年からは「しあわせ部長」を兼任。2016年「熊本地震」、2019年「令和2年7月豪雨」などの災害時においては復興支援の旗振り役として県民を牽引してきた。関連グッズの売り上げは2022年までに累計約1兆3000億円に上る。

ご意見・ご感想は、
こちらのフォームからお寄せください。
https://bit.ly/sss-kanso

くまモンのりょうり男子
レシピ30品、全部自分で作ったモン！

2024 © Kumamon

2024年3月25日　　第1刷発行
2024年3月29日　　第2刷発行

著　者　　くまモン
発行者　　碇　高明
発行所　　株式会社草思社
　　　　　〒160-0022
　　　　　東京都新宿区新宿1-10-1
　　　　　電話　営業03（4580）7676
　　　　　　　　編集03（4580）7680

本文・付物印刷　シナノ印刷株式会社
製本所　加藤製本株式会社

ISBN978-4-7942-2715-7 Printed in Japan 検印省略